Copyright © 2016 Spanish Cuentos
www.spanishcuentos.com

All rights reserved.

ISBN-978-0-9912038-3-3

El ratón Pablito

Craig Klein Dexemple

Hay un ratón. El ratón se llama Pablito.

Pablito vive en una casa de queso. La casa de queso está encima de un árbol.

Un día Pablito sale de la casa y camina por el bosque.

Pablito ve árboles y escucha pájaros.

De repente, Pablito ve algo grande.
¿Qué es?

Es una casa grande con tres puertas.

Pablito es un ratón muy curioso y va a la puerta número uno.

Pablito abre la puerta y ve una roca, pero una roca no es interesante

y **Pablito** cierra la puerta.

Pablito es un ratón muy curioso y va a la puerta número dos.

Pablito abre la puerta y ve un lápiz, pero un lápiz no es interesante

y **Pablito** cierra la puerta.

Pablito es un ratón muy curioso y va a la puerta número tres. Pablito abre la puerta.

¡Ay caray! Hay un tomate en el baño.

Pablito cierra la puerta.

¡Qué vergüenza!

Vocabulario

Abre — S/he opens

Algo — Something

Árbol — Tree

¡Ay caray! — Oh no!

Baño — Bathroom

Bosque — Forest

Camina — S/he walks

Casa — House

Cierra — S/he closes

Con — With

Curioso — Curious

De repente — Suddenly

Día — Day

Dos — Two

Encima de — On top of

Escucha — S/he hears

Está — Is

Está contento — S/he is happy

Grande — Big

Hay un — There is

Interesante — Interesting

Lápiz — Pencil

Muy — Very

Número — Number

Pájaros — Birds

Puerta — Door

¿Qué es? — What is it?

¡Qué vergüenza! — How embarrassing!

Queso — Cheese

Ratón — Mouse

Roca — Rock

Sale — S/he leaves

Se llama — S/her name is

Tomate — Tomato

Tres — Three

Un — A

Uno — One

Va a — S/he goes to

Ve — S/he sees

Vive — S/he lives

Y — And

Notes:

www.ingramcontent.com/pod-product-compliance
Lightning Source LLC
Chambersburg PA
CBHW041233040426
42444CB00002B/142